Beate Strecker

Low-Carb-Weihnachtsbäckerei
22-mal Kekse, Gebäck und Konfekt
zur Weihnachtszeit

Inhalt

Rezepte

Weihnachten à la Low-Carb – wenig Kohlenhydrate, viel Geschmack

Ich ernähre mich bereits seit vielen Jahren kohlenhydratbewusst, also Low-Carb, und fühle mich damit rundum wohl. Allerdings war die Weihnachtszeit, die ja bekanntlich auch Schlemmerzeit ist, für mich lange mit Verzicht verbunden, da mir die Kohlenhydratmengen im herkömmlichen Weihnachtsgebäck einfach zu groß waren. Um mich herum lockten ständig gut gefüllte Plätzchenteller mit Leckereien, die mit Low-Carb nicht vereinbar waren und für mich daher nicht infrage kamen.

Damit wollte ich mich irgendwann nicht länger abfinden! Aus meinem persönlichen Bedürfnis, in der Weihnachtszeit zu backen und ohne schlechtes Gewissen naschen zu können, sind 22 Rezepte für weihnachtliche Plätzchen und Konfekt entstanden, die Sie im Rezeptteil finden. Sie sind dank eines sehr niedrigen Kohlenhydratgehalts bestens Low-Carb-tauglich und lassen in punkto Genuss und Geschmack keine Wünsche offen. Mein Low-Carb-Weihnachtsgebäck und -konfekt schmeckt in keiner Weise nach Diät – es mundet der ganzen Familie und auch Menschen, die mit Low-Carb eigentlich nichts am Hut haben.

Sämtliche Rezepte wurden von mir persönlich entwickelt und sind bei mir zu Hause ein fester Bestandteil der Advents- und Weihnachtszeit. Wie in meinem ersten Low-Carb-Ratgeber »Low-Carb-Backen für den Alltag« standen auch bei der Weihnachtsbäckerei eine einfache Umsetzung, eine überschaubare Anzahl an Zutaten und ein gutes Gelingen im Vordergrund. Auf Weizenmehl und Haushaltszucker verzichte ich auch diesmal komplett.

Ich wünsche Ihnen eine wunderschöne Vorweihnachtszeit und natürlich ganz viel Freude beim Nachbacken meiner Rezepte und beim anschließenden Genießen.

Herzliche Grüße

Ihre Beate Strecker

Tradition trifft auf Low-Carb

Der Geruch von Plätzchen, der durch das Haus zieht, gehört zur Adventszeit unbedingt dazu und hat eine lange Tradition. Waren es zunächst die Kelten, die zur Wintersonnenwende Gebäck zubereiteten, um ihren Göttern zu huldigen und sie zu beschwichtigen, buken im Mittelalter Mönche und Nonnen zu Ehren der Geburt von Jesus Christus Weihnachtsbrote und -plätzchen mit allerlei feinen Gewürzen und verteilten diese. Seit Mitte des 19. Jahrhunderts hielt dieses Ritual dann auch in den Familien Einzug, nicht zuletzt, um die in punkto Nahrung eher kargen Wintermonate mit zusätzlichen Kalorien aus Fett und Zucker besser zu überstehen. Inzwischen

brauchen sich die wenigsten von uns über Nahrungsknappheit Gedanken zu machen, und die vielfältigen zucker- und stärkereichen Verlockungen zur Weihnachtszeit tragen eher dazu bei, dass die Rettungsringe an den Hüften wachsen und der Stoffwechsel gehörig aus dem Lot gerät. Mit Low-Carb-Gebäck können Sie ohne Reue genießen. Aber auch hier sollten Sie es natürlich nicht übertreiben.

Low-Carb

Low-Carb (aus dem Englischen: low = niedrig; carb = Abkürzung von carbohydrates = Kohlenhydrate) ist eine Ernährungsweise, bei der bewusst weniger Kohlenhydrate gegessen werden. Und das aus gutem Grund: Zu viele Kohlenhydrate machen nachweislich hungrig, dick und auf Dauer auch krank.

Kohlenhydrathaltige Lebensmittel lassen unseren Blutzucker ansteigen. Das ruft das Hormon Insulin auf den Plan. Es wird benötigt, damit der Zucker aus dem Blut in die Zellen gelangen kann und der Blutzuckerspiegel wieder in den Normalbereich gelangt. Je mehr Kohlenhydrate wir essen und je schneller der Blutzuckerspiegel ansteigt (etwa nach einer üppigen Nudelportion, belegten Brötchen oder Süßigkeiten), umso mehr Insulin wird benötigt, um den Blutzucker wieder auf sein normales Niveau zu senken. Fällt der Blutzuckerspiegel aufgrund großer Insulinmengen entsprechend rasch nach unten, entsteht schnell ein unangenehmes Heißhungergefühl. Der Griff zu weiteren kohlenhydrathaltigen Speisen verspricht Abhilfe. Doch damit setzt sich die Spirale aus Blutzuckeranstieg und nachfolgender Insulinausschüttung erneut in Gang. Auf diese Weise kommen schnell mehr Kalorien zusammen, als verbraucht werden – besonders dann, wenn es an Bewegung mangelt. Die überflüssige Energie wird in Form von Fett gespeichert und lässt die »Rettungsringe« wachsen. Leider wird man die mit einer kohlenhydratbetonten Ernährung auch so schnell nicht wieder los: Denn hohe Insulinspiegel fördern nicht nur die Speicherung von Fett, sondern hemmen auch seine Verbrennung.

Mit einer Reduzierung der Kohlenhydrate lässt sich dieser Kreislauf wirkungsvoll durchbrechen und es gelingt ganz einfach, sein Gewicht nachhaltig zu reduzieren und/oder zu stabilisieren. Abnehmen wirkt sich günstig auf den Stoffwechsel aus. Aber – und das zeichnet die Low-Carb-Ernährung besonders aus – auch ganz ohne Gewichtsverlust verbessern sich Blutwerte wie Cholesterin, Triglyceride, Harnsäure, Entzündungsmarker und auch der Blutdruck. Optimale Voraussetzungen, um Zivilisationskrankheiten wie Typ-2-Diabetes, Erkrankungen des Herz-Kreislauf-Systems, einer Fettleber oder Gicht wirkungsvoll zu begegnen.

Low-Carb → LOGI

Mit einer täglichen Kohlenhydratmenge von 80 bis 130 Gramm ist die wissenschaftlich fundierte LOGI-Methode eine moderate, äußerst flexible und praxistaugliche Variante der Low-Carb-Ernährung. Die Abkürzung LOGI stammt ebenfalls aus dem Englischen (»**LO**w **G**lycemic and **I**nsulinemic Diet«) und steht für eine Ernährung, die niedrige Blutzuckerspiegel und eine geringe Insulinausschüttung fördert. Anstelle von Kohlenhydraten stehen ballaststoff- und wasserreiche Nahrungsmittel, Eiweiß und gesunde Fette im Mittelpunkt, aus denen abwechslungsreiche und schmackhafte Mahlzeiten entstehen. Sie sorgen für eine gute und lang anhaltende Sättigung, eine optimale Versorgung mit allem, was der Organismus braucht und tun dem Stoffwechsel in vielfältiger Weise gut.

Die LOGI-Pyramide

Dank der LOGI-Pyramide ist die Umsetzung der LOGI-Ernährung kinderleicht. Sie unterstützt Sie bei Ihrer täglichen Lebensmittelauswahl.

Die Basis der LOGI-Ernährung bilden Gemüse, Salate und Pilze sowie vorwiegend zuckerarme Früchte wie etwa Beeren. Hinzu kommen hochwertige Fette und Öle (z.B. Rapsöl, Olivenöl, Butter, Leinöl). Sie sind Lieferanten wertvoller Fettsäuren, Transporteure fettlöslicher Vitamine und vor allem auch Geschmacksträger. Fleisch, Geflügel und Fisch sowie Milch und Milchprodukte sorgen für eine gute Eiweißversorgung. Auch Nüsse und Hülsenfrüchte sind bestens mit LOGI vereinbar.

Bei Brot und Backwaren sollte die Vollkornvariante bevorzugt werden. Aufgrund des Ballaststoffgehalts steigt der Blutzucker etwas langsamer an und die Sättigung ist besser als bei der »leeren« Weißmehlvariante. Aber Achtung: Hier ist die Menge entscheidend! Pro Tag sollten es nicht mehr als ein bis zwei Scheiben Vollkornbrot oder eine kleine Portion Backwaren sein. Kleine Portionen: Das gilt auch für Kartoffeln oder Nudeln (al dente!).

Baguette, Toast, Weißbrot, Backwaren, Süßigkeiten oder gesüßte Getränke sind zwar nicht grundsätzlich verboten, sollten aber eher selten verzehrt werden, weil sie den Blutzucker schnell in die Höhe treiben.

Mit der LOGI-Low-Carb-Ernährung verhindern Sie starke Blutzuckeranstiege und -schwankungen und entsprechend hohe Insulinausschüttungen. Auf diese Weise unterstützen Sie Ihren Stoffwechsel optimal – für mehr Wohlbefinden, Leistungsfähigkeit und Gesundheit.

Noch mehr Informationen finden Sie im Internet auf www.logi-aktuell.de.

Ein Beitrag der systemed-Redaktion

An die Plätzchen, fertig, los!

Sicher freuen auch Sie sich Jahr für Jahr wieder darauf, die Plätzchendosen aus dem Keller zu holen und für die leckere Befüllung vorzubereiten, und auch die Kinder warten meist schon voller Vorfreude und Ungeduld darauf, nach Herzenslust Teig zu kneten, Plätzchen auszustechen und zu verzieren. Endlich kommen Nudelholz, Backbrett und Ausstechformen, die uns oft schon seit unserer Kindheit begleiten, wieder zum Einsatz. Darin unterscheiden sich die vorweihnachtliche Low-Carb-Bäckerei und das klassische Weihnachtsplätzchenbacken nicht.

In dem einen oder anderen Haushalt kommen inzwischen vermutlich aber auch andere als die traditionellen Materialien zum Einsatz, die das Backen erleichtern. So lassen sich z. B. Teige mit silikonbeschichteten Teigrollern und auf Silikonmatten leichter auswellen und von der Unterlage lösen. Aber natürlich kann man den Teig auch nach wie vor mit dem Nudelholz auf der Arbeitsplatte ausrollen. Ein wenig zusätzliches Mandel- oder Kokosmehl sorgt dafür, dass der Teig nicht anklebt und sich die ausgestochenen Plätzchen gut ablösen lassen. Viele Haushalte verfügen über eine Küchenmaschine, in der sich Teige recht einfach zubereiten lassen. Es spricht aber auch nichts gegen das gute alte Handrührgerät.

Zu den klassischen Ausstechformen von früher sind sicher auch bei Ihnen einige moderne Formen hinzugekommen. Backen Sie am besten kleine Plätzchen, die Sie zuvor mit entsprechend kleinen Formen ausstechen. So können Sie wunderbar von allen Sorten probieren, ohne zu übertreiben.

Köstliches Weihnachtsgebäck – ohne Mehl und Zucker

Klassische Weihnachtsplätzchen werden in der Regel mit reichlich Weizenmehl und Zucker hergestellt. Also nichts für Menschen, die ihre Kohlenhydratportionen bewusst reduzieren wollen – sei es, um abzunehmen oder das Gewicht zu halten oder um dem Stoffwechsel Gutes zu tun. Also müssen andere Zutaten her, mit denen der Kohlenhydratgehalt niedrig bleibt und die dennoch dafür sorgen, dass Zimtsterne, Makronen und Rumkugeln gut gelingen und ein echter Hochgenuss sind. Als Alternative zu Weizenmehl stehen Mandel- oder Kokosmehl, aber auch gemahlene Mandeln und Nüsse (siehe dazu auch Infos ab Seite 12) zur Auswahl.

Damit sind Sie nicht nur besonders kohlenhydratbewusst unterwegs, sondern verleihen dem Gebäck zudem noch eine besondere geschmackliche Note. Zucker lässt sich bestens durch die blutzuckerfreundlichen Zuckeralkohole Xylit oder Erythrit ersetzen.

Mehl ist nicht gleich Mehl

Mandelmehl

Mandelmehl liefert etwa 7 bis 12 Gramm Kohlenhydrate pro 100 Gramm. Das entspricht nur etwa 10 bis 15 Prozent der Menge an Kohlenhydraten, die Weizenmehl im Gepäck hat (72 Gramm pro 100 Gramm). Im Handel gibt es sowohl helles als auch dunkles Mandelmehl. Grundlage für die Herstellung von hellem Mandelmehl, das auf den ersten Blick durchaus wie Getreidemehl aussieht, sind blanchierte Mandeln, während bei der dunklen Variante die Haut der Mandeln mitverarbeitet wird. Der bei der Gewinnung von Mandelöl anfallende Presskuchen wird getrocknet und anschließend zu feinem Mehl vermahlen. Mandelmehl ist nicht mit gemahlenen Mandeln zu verwechseln. Diese enthalten im Gegensatz zum Mehl noch den gesamten Fettanteil.

Mandelmehl ist glutenfrei und eignet sich somit auch bestens für Menschen mit einer Glutenunverträglichkeit.

Kokosmehl

Beim Kokosmehl kann der Kohlenhydratanteil je nach Sorte ganz erheblich schwanken. Das in den Rezepten dieses Ratgebers verwendete Kokosmehl enthält 4 Gramm Kohlenhydrate pro 100 Gramm. Andere Sorten können bis zu 26 Gramm Kohlenhydrate pro 100 Gramm aufweisen, was den Gesamtkohlenhydratgehalt in den Rezepten erhöht. Aber auch dann schneidet Kokosmehl im Vergleich zu Weizenmehl immer noch deutlich besser ab. Die Herstellung von Kokosmehl ist der des Mandelmehls sehr ähnlich. Das Kokosnussfleisch wird getrocknet und gepresst. Neben dem so gewonnenen Kokosöl bleibt ebenfalls ein Presskuchen übrig, der im weiteren

Verfahren sehr fein zu Kokosmehl vermahlen wird, das – wie Mandelmehl – ebenfalls glutenfrei ist. Aus backtechnischen Gründen wird in einigen Rezepten dieses Ratgebers zudem Dinkelmehl verwendet. Der Kohlenhydratanteil von Dinkelmehl ist nur unwesentlich geringer als der von Weizenmehl. Die verwendeten Mengen sind jedoch sehr gering, sodass keine maßgebliche Blutzuckerwirkung zu erwarten ist. Da Dinkel (bislang) noch nicht so hochgezüchtet ist wie Weizen, hat es auch einen etwas niedrigeren Glutengehalt.

Johannisbrotkernmehl

Johannisbrotkernmehl wird als Bindemittel für Speisen und Teige aller Art verwendet. Es wird aus den Samen des Johannisbrotbaumes hergestellt. Bereits wenige Gramm (ein leicht bis stark gehäufter Teelöffel / 3 bis 6 Gramm) sind ausreichend, um einen Teig zu binden. Johannisbrotkernmehl ist glutenfrei und absolut geschmacksneutral. Es kann von unserem Körper nur bedingt verdaut werden, weshalb es zu den Ballaststoffen gerechnet wird.

Guarkernmehl

Guarkernmehl wird aus dem Samen der Guarpflanze gewonnen. Ähnlich wie Johannisbrotkernmehl kann es als Bindemittel für zahlreiche Speisen und Teige genutzt werden. Auch hier reichen bereits sehr kleine Mengen zur Bindung aus. Aufgrund seiner speziellen Eigenschaften ist das Guarkernmehl besonders gut für Knet- oder Mürbeteige geeignet. Es ist ebenso glutenfrei und geschmacksneutral wie Johannisbrotkernmehl.

Weihnachten – der große Auftritt für Nuss- und Mandelkern

Nüsse sind ein fester Bestandteil der Low-Carb-Ernährung. Sie enthalten vergleichsweise wenig Kohlenhydrate, dafür jede Menge guter Fette, Eiweiß, Ballast- und Vitalstoffe. Beim Einkauf sollte darauf geachtet werden, dass ganze Nüsse nicht muffig riechen, sauber und unbeschädigt sind. Geschälte Nüsse kauft man am besten in lichtdichter Verpackung und bewahrt sie anschließend kühl, trocken und dunkel auf. Nüsse in der Schale lagert man dagegen am besten in einem Netz, einem Korb oder einer Holzkiste.

Mandeln

Mandeln gehören zu den Steinfrüchten. Sie sind äußerst vielseitig einsetzbar und aus der Low-Carb-Ernährung nicht wegzudenken – auch oder gerade als Backzutat. Und nicht nur geschmacklich haben Mandeln eine Menge zu bieten. Ihre herzgesunden Eigenschaften sind unumstritten und vielfach belegt.

Schon 30 bis 60 Gramm Mandeln pro Tag sorgen für bessere Blutdruck- und Blutfettwerte und können laut aktuellen Studien vor Herz-Kreislauf-Erkrankungen sowie Diabetes schützen. Eine neuere Studie zeigte zudem, dass der Verzehr von Mandeln im Austausch zu kohlenhydratreichen Snacks zur Reduzierung des Bauchfetts beiträgt, das ja bekanntermaßen als eigenständiger Risikofaktor für zahlreiche Erkrankungen unserer Zeit gilt. Zudem punkten Mandeln mit einem besonders hohen Ballaststoffanteil, was sich günstig auf die Sättigung, den Cholesterinspiegel und die Verdauung auswirkt.

Walnüsse

Walnüsse enthalten u. a. reichlich einfach und mehrfach ungesättigte Fettsäuren und haben ein sehr günstiges Verhältnis von Omega-6- zu Omega-3-Fettsäuren (4:1). Es ist wissenschaftlich sehr gut belegt, dass der regelmäßige Verzehr von Walnüssen zu einer Verbesserung des Blutdrucks und der Blutfettwerte sowie insgesamt zu einer Reduzierung des Risikos für Herz-Kreislauf-Erkrankungen beiträgt. Besonders hervorzuheben ist auch der hohe Gehalt an Antioxidantien in Walnüssen, was u. a. für die Prävention von Arteriosklerose und Krebserkrankungen bedeutsam ist.

Wohl dem, der einen Walnussbaum im Garten hat und die im Herbst von selbst zu Boden fallenden Früchte einfach nur aufsammeln muss, um sie dann – gut getrocknet, damit kein Schimmel entsteht – für mehrere Monate zu lagern und bei Bedarf aus dem Vollen zu schöpfen. Für alle anderen bleibt der Gang in den Supermarkt, wo ganze Walnüsse oder Walnusskerne zum Kauf angeboten werden. Rund drei Viertel der angebotenen Ware stammt aus Kalifornien. Walnusskerne sollten unbedingt lichtundurchlässig verpackt sein, weil sie aufgrund ihrer empfindlichen Inhaltsstoffe schnell ranzig werden. Ist die Packung einmal geöffnet, sollten die Nüsse innerhalb von vier Wochen verbraucht werden.

Erdnüsse

Erdnüsse sind – wie man aufgrund des Namens durchaus annehmen könnte – keine Nüsse, sondern gehören zu den Hülsenfrüchten. Anders als ihre Verwandten können sie jedoch roh verzehrt werden. Sie wachsen unter der Erde und sind mit einem Proteinanteil von etwa 25 Prozent gute Eiweißquellen. Zudem tragen sie zu einer guten Versorgung mit Vitaminen – allen voran B-Vitamine und Vitamin E – und Mineralstoffen wie Magnesium bei. Die enthaltenen Polyphenole wirken antioxidativ und krebsvorbeugend. Und auch die gute Fettqualität trägt ihren Teil zur Gesunderhaltung bei. Das in Erdnüssen enthaltene Tryptophan wirkt zudem beruhigend auf den Organismus, was sich u. a. schlaffördernd auswirkt.

Haselnüsse

Haselnüsse zählen zu den ältesten Nusssorten in Europa. Sie punkten – ebenso wie andere Nüsse – mit guten Fetten und fallen hierbei besonders durch ihren hohen Anteil an einfach ungesättigten Fettsäuren auf. Das reichlich enthaltene Lecithin fördert Konzentration und Gedächtnisleistung und macht Haselnüsse zu einer guten »Nervennahrung«. Hinzu kommen reichlich Ballaststoffe, Vitamin E, Zink und zahlreiche weitere Mineralstoffe.

Low-Carb-gerecht süßen

Süßungsmittel Xylit

Birkenzucker – ein Zuckeralkohol – ist hier bei uns meist unter dem Produktnamen Xylit bekannt. Ursprünglich wurde Xylit aus Birkenholz, inzwischen wird es vor allem aus Buchenholz oder Mais hergestellt. Es wird insulinunabhängig verstoffwechselt und hat keine oder allenfalls sehr geringe Auswirkungen auf den Blutzuckerspiegel, weshalb es auch für Diabetiker (ohne Anrechnung!) geeignet ist. Mit einem Wert von 7 ist der glykämische Index von Xylit extrem niedrig. Xylit ist optisch kaum von normalem Haushaltszucker zu unterscheiden. Es kann genauso verwendet werden, liefert jedoch rund 40 Prozent weniger an Kalorien.

Xylit eignet sich hervorragend für die Low-Carb-Bäckerei, da er das entsprechende Volumen liefert, das für viele Teigarten benötigt und normalerweise über die Zugabe von Zucker erreicht wird. In größeren Mengen (> 0,5 Gramm pro Kilogramm Körpergewicht) kann der Zuckeralkohol abführend wirken. Bei einem Körpergewicht von 60 Kilogramm entspräche dies ca. 30 Gramm Xylit pro Tag. Bei den Plätzchen in diesem Ratgeber liegt die Xylitmenge meist zwischen 1 und 2 Gramm pro Stück. Sie können also durchaus ein paar Plätzchen essen, ohne mit unangenehmen Nebenwirkungen rechnen zu müssen. Zudem gewöhnt sich der Organismus mit der Zeit auch an etwas größere Mengen. Xylit ist ihm übrigens durchaus nicht unbekannt, da es in geringen Mengen auch in Gemüse und Obst vorkommt und auch

vom Körper selbst hergestellt wird. Aufgrund seiner antikariogenen Wirkung wird es auch zur Zahnprophylaxe eingesetzt.

Achtung Hundebesitzer! Xylit ist für Hunde gesundheitsschädlich und ab 5 Gramm sogar tödlich. Zwar sind Kuchen und Plätzchen eh für den Menschen und nicht für den Vierbeiner gedacht, aber es ist nicht auszuschließen, dass sich Ihr Hund in einem unbeobachteten Moment mal ein Stück stibitzt. Als Hundebesitzer sollten Sie daher statt Xylit das unbedenkliche Erythrit verwenden.

Erythrit

Wer nahezu ganz auf Kalorien verzichten möchte, kann auf Erythrit zurückgreifen. Die Süßkraft bei Erythrit ist allerdings um etwa 20 bis 40 Prozent niedriger als bei Xylit. Die Herstellung von Erythrit als Zuckeraustauschstoff erfolgt heute in der Regel durch mikrobielle Umwandlung von Glucose und Saccharose. In natürlicher Form finden wir Erythrit in Pistazien, Käse, Erdbeeren und Pflaumen. Erythrit enthält im Gegensatz zu Xylit so gut wie keine Kalorien und löst ebenso wenig wie Xylit eine Reaktion auf Blutzucker- und Insulinspiegel aus. Da Erythrit überwiegend über den Dünndarm aufgenommen wird, ist die Gefahr von Nebenwirkungen wie Blähungen und Durchfall beim Verzehr größerer Mengen deutlich geringer als bei Xylit.

Schokolade – durchaus kein Tabu!

Kakao wird aus den Früchten des Kakaobaums gewonnen, der unter feucht-warmen Bedingungen und bei ausreichend Schatten gedeiht. Nach der Fermentation, die den bis dato extrem bitteren Geschmack mildert und zur Aromatisierung, Geschmacksgebung und Färbung dient, und dem anschließenden Trocknungsprozess, der für eine verbesserte Haltbarkeit und die weiteren Entwicklung von Aromastoffen sorgt, stehen die Kakaobohnen für weitere Bearbeitungsschritte bis zur Herstellung von Kakaopulver und Schokolade zur Verfügung.

Auch wenn sich der Anteil an Bitterstoffen durch die Fermentierung bereits reduziert hat, ist Kakao pur eigentlich nicht genießbar und nach wie vor sehr bitter. So erklärt sich auch der zunehmend bittere Geschmack von Schokolade bei steigendem Kakaoanteil. »Hochprozentige« Schokolade mit einem Kakaoanteil von mehr als 70 Prozent enthält jedoch deutlich weniger Zucker als Schokolade mit einem niedrigeren Kakaoanteil, was sie für den Einsatz in der Low-Carb-Ernährung tauglich macht. Am besten, Sie verwenden zum Backen Schokolade mit einem Kakaoanteil von 85 Prozent.

Aufgrund ihrer wertvollen Inhaltsstoffe, z.B. Polyphenole, gilt Schokolade mit einem hohen Kakaoanteil u.a. als gefäßschützend, blutdrucksenkend, antioxidativ, entzündungshemmend und krebsvorbeugend.

Wer weitere Kohlenhydrate einsparen möchte, kann auch auf im Handel erhältliche Low-Carb-Schokolade zurückgreifen.

Gewürze – das i-Tüpfelchen der Weihnachtsbäckerei

Die Weihnachtsbäckerei ist ohne verschiedene Gewürze kaum vorstellbar. Bereits alte Kulturen schätzten die Vielfalt der Gewürze, nicht nur wegen ihres Geschmacks, sondern auch wegen ihrer Heilwirkung. Nelken, Muskat, Zimt und Co. enthalten eine Fülle an Pflanzenstoffen und ätherischen Ölen, die sich positiv auf die Gesundheit auswirken.

So wirkten beispielsweise Kardamom (u.a. Bestandteil von Lebkuchengewürz) und Muskat hilfreich bei Verdauungsstörungen. Piment wird eine beruhigende und blutdrucksenkende Wirkung zugeschrieben, Vanille gilt als stimmungsaufhellend und belebend und Sternanis (ebenfalls Bestandteil von Lebkuchengewürz) hilfreich bei rheumatischen Beschwerden.

Und es ist durchaus kein Zufall, dass gerade zur Winterzeit besonders viele Gewürze verwendet werden, da diese gerade in der kalten Jahreszeit unsere Gesundheit und unser Wohlbefinden unterstützen – wie etwa Zimt, der zur Vorbeugung und Linderung von Erkältungskrankheiten beiträgt, Kardamom, der bei Husten hilft und das Immunsystem stärkt, oder Muskat, das die Schleimhäute im Mund und Rachenraum sowie der Bronchien desinfiziert.

Selbstredend, dass diese geschmacksgebenden und gesundheitsfördernden Zutaten auch in der Low-Carb-Ernährung nicht fehlen dürfen. Also nichts wie ran an das Weihnachtsgebäck mit wenig Kohlenhydraten und vollem Genuss. Viel Freude beim Backen und Schlemmen.

Bezugsquellen

- Lupinenshake für die Rezepte von S. 32 erhalten Sie über das Internet bei www.nutralinea.de.

- Spezielle Low-Carb-Zutaten in guter Qualität erhalten Sie beispielsweise via Internet bei www.panifactum.de.

Aprikosenhäufchen

- 75 g getrocknete Aprikosen
- 2 Eiweiß (von Eiern Größe L)
- 50 g Xylit
- 100 g gehackte Haselnüsse
- 50 Oblaten (40 mm Durchmesser)

1 Stück (ca. 6,3 g): 21 kcal, 0,6 g Eiweiß (11,7 E%), 1,3 g Fett (56,5 E%), 1 g Kohlenhydrate (20,3 E%), 1 g Zuckeralkohol (11,5 E%)

01 Den Backofen auf 140 °C (Umluft) aufheizen und ein Backblech mit Backpapier auslegen.

02 Die Aprikosen in feine Würfel schneiden.

03 Das Eiweiß zu steifem Schnee schlagen. Das Xylit einrieseln lassen und alles so lange weiterschlagen, bis sich das Xylit aufgelöst hat und eine glänzende Masse entstanden ist.

04 Die geschnittenen Aprikosen und die gehackten Haselnüsse vorsichtig unter die Eischneemasse heben.

05 Die Backoblaten mit etwas Abstand auf dem vorbereiteten Backblech verteilen. Mit 2 Teelöffeln kleine Häufchen auf die Backoblaten setzen und das Ganze im vorgeheizten Backofen etwa 20 Minuten backen. Die fertigen Aprikosenhäufchen vollständig auf dem Backblech (bei Zimmertemperatur) auskühlen und abtrocknen lassen.

Erdnussmakronen

Ergibt etwa 30 Stück

- 1 Eiweiß (von 1 Ei Größe L)
- 25 g fein gemahlenes Xylit
- 35 g Erdnussbutter
- 60 g gehackte Erdnüsse

1 Stück (ca. 5,3 g): 22 kcal, 1,1 g Eiweiß (20,5 E%), 1,5 g Fett (65,3 E%), 0,3 g Kohlenhydrate (5 E%), 0,8 g Zuckeralkohol (9,2 E%)

01 Den Backofen auf 140 °C (Umluft) aufheizen und ein Backblech mit Backpapier belegen.

02 Das Eiweiß zu steifem Schnee schlagen und das Xylit einrieseln lassen. Die Masse so lange weiterschlagen, bis sie schön glänzend ist.

03 Die Erdnussbutter kurz unterrühren. Anschließend die gehackten Erdnüsse vorsichtig unter die Eimasse heben.

04 Aus der Masse mit 2 Teelöffeln kleine Häufchen auf das vorbereitete Backblech setzen. Die Backzeit beträgt etwa 15 Minuten. Die Erdnussmakronen nach dem Backen auf dem Backblech (bei Zimmertemperatur) vollständig auskühlen lassen. Erst dann lassen sie sich gut vom Backpapier lösen.

INFO: Beim Kauf der Erdnussbutter sollten Sie darauf achten, dass diese möglichst wenig Kohlenhydrate enthält. Im Rezept wurde Erdnussbutter mit 9,3 Gramm Kohlenhydrate pro 100 Gramm verarbeitet.

Erdnussstangen

Ergibt etwa 46 Stück

- 150 g ungesalzene Erdnüsse
- 30 g Schokolade (85 % Kakaoanteil)
- 50 g Xylit
- Lebkuchengewürz nach Geschmack
- 2 Eiweiß (von Eiern Größe L)
- 4 eckige Backoblaten (je 120 x 200 mm)

1 Stück (ca. 7,2 g): 28 kcal, 1,3 g Eiweiß (18,5 E%), 1,9 g Fett (61,6 E%), 0,7 g Kohlenhydrate (10,7 E%), 1,1 g Zuckeralkohol (9,2 E%)

01 Ein Backblech mit Backpapier belegen.

02 Die Erdnüsse mahlen und die Schokolade fein hacken.

03 Die Erdnüsse und die Schokolade mit dem Xylit und dem Lebkuchengewürz in eine Schüssel geben und miteinander vermischen. Nun das Eiweiß (ungeschlagen) zugeben und alles verrühren.

04 2 Oblaten auf das vorbereitete Blech direkt nebeneinander legen. Die Nussmasse daraufgeben und gleichmäßig verteilen. Anschließend das Ganze mit 2 weiteren Oblaten abdecken und alles für 15 Minuten mit einem schweren Küchenbrett oder Ähnlichem beschweren.

05 In der Zwischenzeit den Backofen auf 140 °C (Umluft) aufheizen. Die Backzeit beträgt etwa 20 Minuten. Die fertigen Oblaten 10 Minuten auf dem Blech abkühlen lassen und dann noch warm in etwa 3 x 5 cm große Stangen schneiden.

TIPP: Man kann die Enden der fertigen Erdnussstangen auch noch in geschmolzene Schokolade tauchen.

Frischkäseplätzchen

Ergibt etwa 70 Stück

- 250 g Frischkäse (Doppelrahmstufe)
- 50 g zimmerwarme Butter
- 90 g Xylit
- 1 gestrichener TL Schalenabrieb von 1 Bio-Zitrone
- 1 Eiweiß (von 1 Ei Größe L)
- 25 g Dinkelmehl (Typ 630)
- 1 gehäufter TL Johannisbrotkernmehl
- 1 gehäufter TL Backpulver
- 200 g gemahlene, blanchierte Mandeln

1 Stück (ca. 9,6 g): 28 kcal, 1,2 g Eiweiß (12,3 E%), 3,2 g Fett (74,5 E%), 0,5 g Kohlenhydrate (5,5 E%), 1,3 g Zuckeralkohol (7,7 E%)

01   Den Backofen auf 120 °C (Umluft) aufheizen und ein Backblech mit Backpapier belegen.

02   Den Frischkäse mit der Butter verrühren, sodass eine geschmeidige Masse entsteht.

03   Das Xylit und den Zitronenabrieb zufügen und kurz unterrühren. Anschließend das Eiweiß (ungeschlagen) zugeben und ebenfalls kurz mit unterrühren.

04   Das Dinkelmehl, das Johannisbrotkernmehl und das Backpulver darübersieben und unter die Masse ziehen.

05   Zum Schluss noch die gemahlenen Mandeln unterheben. Mit 2 Teelöffeln kleine Häufchen auf das vorbereitete Backblech setzen. Die Backzeit beträgt etwa 25 Minuten. Die Plätzchen nach dem Backen so lange auf dem Backblech lassen, bis sie trocken sind. Erst dann lassen sie sich vom Backpapier lösen.

Gebrannte Mandeln (ohne backen)

- 1 EL Wasser
- 40 g Xylit
- 200 g ganze blanchierte Mandeln
- Butter-Vanille-Aroma nach Geschmack
- Lebkuchengewürz nach Geschmack

1 Portion (ca. 25 g: 128 kcal, 1,3 g Eiweiß (18,5 E%),
1,9 g Fett (61,6 E%), 0,7 g Kohlenhydrate (10,7 E%),
1,1 g Zuckeralkohol (9,2 E%)

01 Das Wasser mit dem Xylit in eine Pfanne geben. Beides auf großer Stufe erhitzen. Dabei verdampft das Wasser und das Xylit beginnt zu karamellisieren.

02 Die Mandeln hinzufügen und unter ständigem Rühren bräunen.

03 Zum Schluss die Pfanne vom Herd nehmen und das Ganze noch etwa 3 Minuten stehen lassen. Dann nach Geschmack Butter-Vanille-Aroma und Lebkuchengewürz untermischen.

04 Die Masse auf ein mit Backpapier belegtes Backblech geben und über Nacht trocknen lassen.

ACHTUNG: Für dieses Rezept bitte darauf achten, dass die Pfanne auch für extreme Hitze geeignet ist. Und seien Sie bitte während der Zubereitung besonders achtsam!

Gewürzbaisers

Ergibt etwa 50 Stück

- etwa 50 Oblaten (40 mm Durchmesser)
- 2 Eiweiß (von Eiern Größe L)
- 75 g Xylit
- ½ TL Zimt
- 2 Msp. gemahlener Kardamom
- 3 Msp. gemahlener Anis
- 25 g geriebene Schokolade
  (85 % Kakaoanteil)
- 200 g Mandelstifte

1 Stück (ca. 7,8 g): 32 kcal, 1,2 g Eiweiß (15,3 E%), 2,4 g Fett (67,1 E%), 0,5 g Kohlenhydrate (6,6 E%), 1,5 g Zuckeralkohol (11 E%)

01 Den Backofen auf 120 °C (Umluft) aufheizen und ein Backblech mit Backpapier auslegen. Die Oblaten mit etwas Abstand darauf verteilen.

02 Das Eiweiß zu steifem Schnee schlagen. Das Xylit einrieseln lassen und alles so lange weiterschlagen, bis es sich aufgelöst hat und eine cremige Masse entstanden ist. Die Gewürze kurz unterrühren.

03 Die geriebene Schokolade zusammen mit den Mandelstiften vorsichtig unter die Eischneemasse heben.

04 Mit 2 Teelöffeln kleine Häufchen auf die vorbereiteten Oblaten setzen und etwas andrücken. Die Baisers für etwa 50 Minuten in den Backofen geben (diese werden mehr getrocknet als gebacken). Anschließend die Plätzchen auf dem Backblech bei Raumtemperatur fertig trocknen lassen. Dies kann einige Stunden dauern.

Kokos-Quark-Makronen

Etwa 60 Stück

- 2 Eiweiß (von Eiern Größe L)
- 90 g Xylit, gemahlen
- etwas Vanillearoma
- 4 Tropfen Bittermandelöl
- 35 g Quark (20 % Fett)
- 150 g Kokosraspel

1 Stück (ca. 6 g): 21 kcal, 0,4 g Eiweiß (7,7 E%), 1,7 g Fett (71,2 E%), 0,2 g Kohlenhydrate (4,5 E%), 1,5 g Zuckeralkohol (16,6 E%)

01   Den Backofen auf 120 °C (Umluft) aufheizen und ein Backblech mit Backpapier belegen.

02   Das Eiweiß zu steifem Schnee schlagen und das Xylit nach und nach einrieseln lassen. So lange weiterschlagen, bis sich das Xylit gelöst hat und eine glänzende Masse entstanden ist.

03   Vanillearoma und Bittermandelöl unterrühren. Zum Schluss den Quark und die Kokosraspel vorsichtig unterheben.

04   Mithilfe von 2 Teelöffeln kleine Häufchen auf das vorbereitete Backblech setzen. Die Backzeit beträgt etwa 30 Minuten.

05   Die Plätzchen anschließend auf dem Blech (bei Raumtemperatur) fertig trocknen lassen. Erst dann lassen sie sich gut vom Backpapier lösen.

Kokossterne

Ergibt etwa 70 Stück

- 100 g Kokosmehl (teilentölt)
- 100 g Xylit
- 10 g Guarkernmehl
- 1 Portionspäckchen Lupinen Protein-shake von NutraLinea (Barbara Klein), Kokos
- 1 gehäufter TL Backpulver
- 75 g zimmerwarme Butter
- 2 Eigelb (von Eiern Größe L)
- 100 g Schmand
- Rumaroma nach Geschmack
- etwas Kokosmehl zum Auswellen

Zum Bestreichen:

- 1 Eigelb (von 1 Ei Größe L)
- 2 EL Sahne
- 25 g Kokosraspel

1 Stück (ca. 7,4 g): 24 kcal, 0,7 g Eiweiß (11,3 E%), 2 g Fett (71,7 E%), 0,2 g Kohlenhydrate (3,4 E%), 1,4 g Zuckeralkohol (13,6 E%)

01 Den Backofen auf 160 °C (Umluft) aufheizen und ein Backblech mit Backpapier belegen.

02 Alle trockenen Zutaten in eine Schüssel geben und vermischen. Die Butter in Flöckchen darauf verteilen. Eigelb, Schmand und Rumaroma zugeben und alles zu einem glatten Teig verarbeiten.

03 Etwas Kokosmehl auf die Arbeitsplatte oder eine Silikonunterlage geben. Den Teig portionsweise auswellen und kleine Sterne ausstechen. Die Plätzchen auf das vorbereitete Backblech setzen.

04 Das Eigelb und die Sahne verquirlen, die Sterne damit bestreichen und anschließend etwas Kokosraspel darüberstreuen. Die Backzeit beträgt etwa 8 Minuten.

05 Die fertigen Plätzchen auf dem Backblech auskühlen lassen und anschließend in einer Plätzchendose aufbewahren.

Krokant-Frucht-Berge

Ergibt etwa 55 Stück

- 50 g getrocknetes Mischobst
- 25 g Sultaninen
- 20 g Butter
- 75 g Xylit
- 75 ml Sahne
- 50 g gehackte Mandeln
- 100 g gehackte Walnüsse

1 Stück (ca. 7,2 g): 32 kcal, 1,1 g Eiweiß (27 E%), 0,6 g Fett (31 E%), 1 g Kohlenhydrate (22,8 E%), 1,4 g Zuckeralkohol (19,2 E%)

01 Den Backofen auf 175 °C (Umluft) aufheizen und 2 Backbleche mit Backpapier belegen.

02 Das Mischobst und die Sultaninen fein hacken.

03 Die Butter, das Xylit und die Sahne in eine beschichtete und hitzegeeignete Pfanne geben und unter ständigem Rühren aufkochen lassen. 4 Minuten weiterkochen lassen.

04 Die übrigen Zutaten in die Sahnemasse geben und alles etwa 7 Minuten karamellisieren lassen. Dabei immer umrühren. Es muss eine zähe Masse entstehen.

05 Mit 2 Teelöffeln kleine Häufchen auf die vorbereiteten Backbleche setzen. Alles für etwa 5 Minuten in den Backofen geben. Die fertigen Krokant-Frucht-Berge auf dem Backpapier etwa 24 Stunden abkühlen und abtrocknen lassen. Erst dann lassen sie sich gut vom Backpapier lösen.

Lebkuchen

**Für eine eckige Springform 24 x 24 cm
(alternativ: Backrahmen)
Ergibt etwa 36 fertige Lebkuchen**

- 4 Eier (Größe L)
- 100 g Xylit
- 150 ml Sahne
- 2 gehäufte TL Lebkuchengewürz
- 1 Päckchen Backpulver
- 5 g Johannisbrotkernmehl
- 15 g Backkakao
- 50 g Mandelmehl (teilentölt)
- 50 g gehackte Mandeln
- 50 g gehackte Walnüsse
- 200 g gemahlene Mandeln

1 Stück (ca. 25,3 g): 85 kcal, 3,7 g Eiweiß (16,9 E%),
6,9 g Fett (71 E%), 1 g Kohlenhydrate (4,7 E%), 2,8 g
Zuckeralkohol (7,4 E%)

01 Den Backofen auf 175 °C (Umluft) aufheizen. Den Boden der Springform mit Backpapier bespannen.

02 Die Eier trennen. Das Eiweiß zu steifem Schnee schlagen und beiseitestellen.

03 Eigelb, Xylit, Sahne und Lebkuchengewürz so lange miteinander verrühren, bis sich das Xylit aufgelöst hat. Backpulver, Johannisbrotkernmehl und den Backkakao darübersieben und zusammen mit dem Mandelmehl unterrühren.

04 Die gehackten Mandeln und die gehackten Walnüsse vermischen. Die Hälfte davon zusammen mit dem Eischnee und den gemahlenen Mandeln vorsichtig unter die Teigmasse heben, damit ein luftiger Teig entsteht.

05 Den Teig in die vorbereitete Springform geben und etwas glatt streichen. Die restlichen gehackten Mandeln und Walnüsse darauf verteilen und das Ganze für etwa 55 Minuten backen. Nach etwa der Hälfte der Backzeit die Springform mit Alufolie abdecken, damit der Teig nicht zu dunkel wird.

06 Lebkuchen in der Backform auskühlen lassen. Anschließend in etwa 4 x 4 cm große Stücke schneiden.

TIPPS: Sie können den Teig auch in einer Springform mit einem Durchmesser von 24 cm backen. Dann ist es ein leckerer Weihnachtskuchen, und ein Klecks Sahne macht ihn perfekt.

Um noch mehr Aroma zu erhalten, kann man die gehackten Mandeln und Walnüsse vorab in einer Pfanne etwas anrösten.

Mandelmakronen

Für etwa 70 Stück

- 2 Eiweiß (von Eiern Größe L)
- 1 gestrichener TL Zimt
- 60 g Xylit
- 50 g gehackte Mandeln
- 150 g gemahlene Mandeln

1 Stück (ca. 4,9 g): 20 kcal, 0,8 g Eiweiß (16,5 E%), 1,5 g Fett (69,8 E%), 0,2 g Kohlenhydrate (3,5 E%), 0,9 g Zuckeralkohol (10,2 E%)

01   Den Backofen auf 140 °C (Umluft) aufheizen. Ein Backblech mit Backpapier belegen.

02   Das Eiweiß zu steifem Schnee schlagen. Den Zimt unterrühren. Das Xylit einrieseln lassen und so lange weiterschlagen, bis es sich gelöst hat und eine cremige Masse entstanden ist.

03   Anschließend vorsichtig die gehackten und gemahlenen Mandeln unterheben.

04   Mit 2 Teelöffeln kleine Häufchen auf das vorbereitete Backblech setzen und diese etwa 20 Minuten backen. Anschließend auf dem Blech auskühlen lassen und zum Aufbewahren in eine Plätzchendose setzen.

TIPP: Sollten die fertigen Makronen zu hart sein, einfach ein Stück Brot oder ein kleines Stück Apfel mit in die Gebäckdose geben.

Mandelplätzchen

Ergibt etwa 60 Stück

- 175 g Mandelmehl, teilentölt
- 100 g gemahlene Mandeln
- 10 g Guarkernmehl
- 70 g Xylit
- 1 Ei (Größe L)
- 1 gestrichener TL Zimt
- 125 g zimmerwarme Butter

1 Stück (ca. 9,2 g): 40 kcal, 2,1 g Eiweiß (22 E%), 2,9 g Fett (67,6 E%), 0,3 g Kohlenhydrate (3,3 E%), 1,2 g Zuckeralkohol (7,1 E%)

01 Den Backofen auf 150 °C (Umluft) aufheizen. Ein Backblech mit Backpapier belegen.

02 Alle Zutaten in eine Schüssel geben und zu einem geschmeidigen Teig verkneten. Anschließend den Teig portionsweise auswellen und beliebige Formen ausstechen. (Sollte er zu klebrig sein, einfach etwas Mandelmehl auf die Arbeitsfläche geben.)

03 Die Plätzchen auf das vorbereitete Backblech setzen und circa 12 Minuten backen. Die fertigen Plätzchen auf dem Backblech auskühlen lassen.

Nusslaiberl

Ergibt etwa 60 Stück

- 2 Eier (Größe L)
- 90 g Xylit
- 1 gehäufter TL Johannisbrotkernmehl
- 1 gestrichener TL Zimt
- 40 g Mandelmehl (teilentölt)
- 50 g geraspelter Apfel
- 125 g gemahlene Walnüsse
- 200 g gemahlene Haselnüsse
- circa 60 kleine Backoblaten (40 mm Durchmesser)

1 Stück (ca. 11 g): 45 kcal, 1,5 g Eiweiß (12,8 E%), 3,9 g Fett (73,7 E%), 0,7 g Kohlenhydrate (6,1 E%), 1,5 g Zuckeralkohol (7,4 E%)

01 Den Backofen auf 150 °C (Umluft) aufheizen. Ein Backblech mit Backpapier belegen.

02 Die Eier luftig aufschlagen. Das Xylit zugeben und alles circa 5 Minuten weiterschlagen, bis eine cremige Masse entstanden ist.

03 Das Johannisbrotkernmehl und den Zimt darübersieben und unterrühren. Anschließend das Mandelmehl zugeben und ebenfalls kurz unterrühren.

04 Den geraspelten Apfel, die gemahlenen Walnüsse sowie die gemahlenen Haselnüsse unterrühren.

05 Das Backblech mit Oblaten auslegen. Aus dem Teig kleine Kugeln formen. Diese dann auf die Backoblaten geben und etwas andrücken. Anschließend die Nusslaiberl für etwa 15 Minuten backen.

Rumkugeln (ohne backen)

Für etwa 30 Stück

- 30 g Xylit
- 50 g Schokolade (85 % Kakaoanteil)
- 50 g Butter
- 5 g Backkakao
- 1 EL Rum
- 1 Fläschchen Rumaroma
- 100 g gemahlene Mandeln

Zum Wälzen:

- 40 g gemahlene Mandeln

1 Stück (ca. 11 g): 55 kcal, 1,4 g Eiweiß (10,1 E%), 4,6 g Fett (78,1 E%), 0,6 g Kohlenhydrate (4,7 E%), 0,2 g Alkohol (2,7 E%), 1 g Zuckeralkohol (4,4 E%)

01 Das Xylit in einem Küchenmixer fein mahlen.

02 Die Schokolade und die Butter in ein mikrowellengeeignetes Gefäß geben und vorsichtig in der Mikrowelle schmelzen lassen. Alternativ kann man die Zutaten auch in einem Wasserbad schmelzen.

03 Nun das gemahlene Xylit und den Backkakao in die warme Masse geben und unterrühren. Anschließend Rum und Rumaroma zufügen und ebenfalls unterrühren.

04 Zum Schluss die gemahlenen Mandeln einrühren und die Masse für 20 Minuten in den Kühlschrank stellen.

05 In der Zwischenzeit die 40 g Mandeln im Küchenmixer nochmal richtig fein mahlen und auf einen Teller geben.

06 Mit einem Löffel etwas von der abgekühlten Masse abstechen und mit beiden Händen eine Kugel formen. Anschließend in den fein gemahlenen Mandeln wälzen und in ein Gefäß geben, wo sie nebeneinander gelegt werden können. Alternativ kann man die Rumkugeln auch in Pralinenförmchen aus Papier geben.

07 Im Kühlschrank gut durchkühlen lassen und bis zum Verzehr auch dort aufbewahren.

Schokoladenhäufchen (ohne backen)

Ergibt etwa 60 Stück

- 35 g Butter
- 75 g Xylit
- 200 g blanchierte, gehackte Mandeln
- 100 g Schokolade (85 % Kakaoanteil)
- 8 EL Sahne
- Lebkuchengewürz

1 Stück (ca. 11 g): 45 kcal, 1,5 g Eiweiß (12,8 E%), 3,9 g Fett (73,7 E%), 0,7 g Kohlenhydrate (6,1 E%), 1,5 g Zuckeralkohol (7,4 E%)

01 25 Gramm Butter zusammen mit dem Xylit in einer Pfanne erhitzen, bis sich das Xylit aufgelöst hat und die Masse leicht gebräunt ist.

02 Dann die gehackten Mandeln zugeben. Diese unter ständigem Rühren so lange rösten, bis sie braun gebrannt sind.

03 Die Krokantmasse auf ein mit Backpapier belegtes Blech geben und alles abkühlen lassen. Dies geht am besten, wenn man die Masse für eine Stunde in den Kühlschrank gibt oder alternativ im Winter nach draußen stellt.

04 Die Schokolade mit der Sahne und der restlichen Butter vorsichtig in der Mikrowelle (alternativ: Wasserbad) schmelzen lassen und das Lebkuchengewürz zugeben.

05 In der Zwischenzeit die Krokantmasse (diese ist klebrig) etwas zerkrümeln und in eine Schüssel geben. Die geschmolzene Schokoladenmasse darüber geben und alles vermischen.

06 Ein Backblech mit Backpapier belegen. Mithilfe von zwei Teelöffeln kleine Häufchen aus der Masse abstechen und auf das Backblech setzen. Nun die Häufchen im Kühlen aushärten lassen (Kühlschrank oder kalter Außenbereich).

TIPP: Wem die Krokantberge zu bitter sind, der kann auch Low-Carb-Schokolade verwenden, die nicht so bitter schmeckt und zudem weniger Kohlenhydrate enthält.

Schokospritzgebäck

Ergibt etwa 90 Stück

- 175 g Mandelmehl (teilentölt)
- 10 g Guarkernmehl
- 15 g Backkakao
- 100 g Xylit
- 100 g gemahlene Mandeln*
- 180 g zimmerwarme Butter
- 1 Ei (Größe L)
- 1 Fläschchen Rumaroma

1 Stück (ca. 7,2 g): 30 kcal, 1,5 g Eiweiß (18,6 E%), 2,4 g Fett (70,1 E%), 0,3 g Kohlenhydrate (3,1 E%), 1,1 g Zuckeralkohol (8,2 E%)

01 Den Backofen auf 175 °C (Umluft) vorheizen. Backblech mit Backpapier belegen.

02 Das Mandelmehl in eine Schüssel geben. Guarkernmehl und Backkakao darübersieben. Das Xylit und die gemahlenen Mandeln dazugeben und alles miteinander vermischen.

03 Butter, Ei und Rumaroma zufügen und das Ganze zu einem glatten Teig verarbeiten.

04 Den fertigen Teig in eine Gebäckpresse mit Sternaufsatz füllen und daraus Stangen spritzen. Diese auf das vorbereitete Backblech setzen und etwa 7 Minuten backen.

05 Das fertige Gebäck auf dem Backblech auskühlen lassen, ansonsten bricht es. Zum Lagern in eine Gebäckdose setzen.

TIPP: Spritzen Sie lange Schlangen auf ein großes Brett, schneiden Sie diese erst danach in die gewünschte Länge und setzen Sie sie dann auf das vorbereitete Backblech.

*Die Mandeln müssen wirklich fein gemahlen sein. Größere Stücke verstopfen den Aufsatz der Gebäckpresse. Geben sie daher die gekauften gemahlenen Mandeln vor der Verwendung nochmal in den Multi-Küchenzerkleinerer.

Terrassenkekse

Für etwa 60 Stück

- 175 g zimmerwarme Butter
- 100 g Xylit
- 1 Ei (Größe L)
- 50 ml Sahne
- Vanillearoma
- 150 g Mandelmehl (teilentölt)
- 100 g Kokosmehl (teilentölt)
- 25 g Guarkernmehl
- 1 gehäufter TL Backpulver
- etwas Schalenabrieb von 1 Bio-Zitrone
- 1 Prise Salz
- etwas Mandelmehl zum Auswellen

Für die Füllung:
- 100 g Low-Carb-Marmelade nach Geschmack

1 Stück (ca. 12,8 g): 40 kcal, 1,9 g Eiweiß (18,2 E%), 3 g Fett (66,8 E%), 0,4 g Kohlenhydrate (3,7 E%), 2 g Zuckeralkohol (11,3 E%)

01 Den Backofen auf 160 °C (Umluft) aufheizen und ein Backblech mit Backpapier belegen.

02 Die Butter in Flöckchen schneiden und mit dem Xylit verrühren. Das Ei, die Sahne und das Vanillearoma zugeben und so lange rühren, bis eine cremige Masse entstanden ist.

03 Das Mandel-, Kokos- und Guarkernmehl mit dem Backpulver, dem Zitronenschalenabrieb und dem Salz mischen und zu der Butter-Ei-Masse geben. Alles unterkneten, damit ein glatter Teig entsteht.

04 Etwas Mandelmehl auf die Arbeitsplatte oder eine Silikonmatte geben und den Teig dünn ausrollen. Kleine Plätzchen ausstechen, auf das vorbereitete Backblech setzen und für etwa 8 Minuten im Backofen goldgelb backen.

05 Die Plätzchen auf dem Backblech auskühlen lassen. Anschließend etwas Marmelade auf ein Plätzchen geben und ein zweites Plätzchen daraufsetzen.

TIPPS: Statt mit Marmelade kann man die Plätzchen auch mit Low-Carb-Nougatcreme füllen.

Wer die Plätzchen zusätzlich verzieren möchte, kann Xylit im Küchenmixer zu feinem Puderzucker verarbeiten und die Plätzchen im Anschluss damit bestäuben.

Vanilleplätzchen

Ergibt etwa 55 Stück

- 125 g Butter, zimmerwarm
- 75 g Xylit
- 2 Eigelb (von Eiern Größe L)
- Mark einer Vanilleschote
- etwas Schalenabrieb von 1 Bio-Zitrone
- 1 gehäufter TL Guarkernmehl
- 1 gestrichener TL Backpulver
- 100 g gemahlene, blanchierte Mandeln
- 125 g helles Mandelmehl, teilentölt
- 25 g Dinkelmehl, Typ 630

1 Stück (ca. 7,2 g): 30 kcal, 1,5 g Eiweiß (18,6 E%), 2,4 g Fett (70,1 E%), 0,3 g Kohlenhydrate (3,1 E%), 1,1 g Zuckeralkohol (8,2 E%)

01 Den Backofen auf 160 °C (Umluft) aufheizen. Ein Backblech mit Backpapier belegen.

02 Butter, Xylit, Eigelb, Vanillemark und Zitronenschalenabrieb etwa 2 Minuten verrühren.

03 Das Guarkernmehl und das Backpulver darübersieben und unterrühren.

04 Nun die restlichen Zutaten hinzufügen und alles zu einem glatten Teig verkneten.

05 Den Teig in eine Plätzchenpresse füllen und Plätzchen in der gewünschten Form auf das Blech spritzen. Die Backzeit beträgt etwa 8 Minuten.

Weihnachtsmuffins

Für 9 Silikonmuffinförmchen

- 50 g Walnüsse
- 2 Eier (Größe L)
- 70 g Xylit
- 100 ml Sahne
- 5 g Backkakao
- 1 gehäufter TL Lebkuchengewürz
- 1 gehäufter TL Backpulver
- 1 gehäufter TL Johannisbrotkernmehl
- 25 g Mandelmehl, teilentölt
- 100 g gemahlene Mandeln
- etwas Öl für die Förmchen

1 Stück (ca. 7,2 g): 30 kcal, 1,5 g Eiweiß (18,6 E%), 2,4 g Fett (70,1 E%), 0,3 g Kohlenhydrate (3,1 E%), 1,1 g Zuckeralkohol (8,2 E%)

01 Den Backofen auf 175 °C (Umluft) aufheizen und die Muffinförmchen mit etwas Öl einpinseln.

02 Die Walnüsse grob hacken.

03 Die Eier trennen. Das Eiweiß zu steifem Schnee schlagen und beiseitestellen.

04 Das Eigelb mit dem Xylit und der Sahne so lange rühren, bis sich das Xylit gelöst hat. Backkakao und Lebkuchengewürz untermengen. Das Backpulver mit dem Johannisbrotkernmehl darübersieben und unterrühren. Anschließend das Mandelmehl zugeben und gleichfalls unterrühren.

05 Die gemahlenen Mandeln und die gehackten Walnüsse zusammen mit dem Eischnee vorsichtig unterheben, sodass ein luftiger Teig entsteht.

06 Den Teig am besten mit 2 Esslöffeln auf die Muffinförmchen verteilen. Die Backzeit beträgt 20–25 Minuten. Nach der Hälfte der Backzeit die Muffins eventuell mit Alufolie abdecken, damit sie nicht zu dunkel werden.

Zimtbrownies

Für eine eckige Springform 24 x 24 cm (alternativ: Backrahmen)
Ergibt etwa 64 Brownies

- 75 g Butter
- 3 Eier (Größe L)
- 75 g Xylit
- 100 ml Sahne
- Vanillearoma nach Geschmack
- 30 g Backkakao
- 1 gehäufter TL Zimt
- 1 gehäufter TL Backpulver
- 1 gehäufter TL Johannisbrotkernmehl
- 40 g Mandelmehl (teilentölt)
- 150 g gemahlene Mandeln

Zur Dekoration:
- 30 g Schokolade, (85 % Kakaoanteil)

1 Stück (ca. 11 g): 40 kcal, 1,5 g Eiweiß (14,5 E%), 3,3 g Fett (74 E%), 0,5 g Kohlenhydrate (4,8 E%), 1,2 g Zuckeralkohol (6,7 E%)

01   Den Backofen auf 175 °C (Umluft) aufheizen. Den Boden der Springform mit Backpapier bespannen.

02   Die Butter vorsichtig schmelzen lassen. Die Eier trennen, das Eiweiß zu steifem Schnee schlagen und beiseitestellen.

03   Die Eigelbe mit dem Xylit, der Sahne, der Butter und dem Vanillearoma so lange verrühren, bis sich das Xylit aufgelöst hat. Dann den Backkakao und den Zimt unterrühren. Das Backpulver und das Johannisbrotkernmehl darübersieben und zusammen mit dem Mandelmehl unterrühren.

04   Anschließend den Eischnee vorsichtig zusammen mit den gemahlenen Mandeln unterheben, sodass ein luftiger Teig entsteht.

05   Den Teig in die vorbereitete Springform geben und glatt streichen. Anschließend für etwa 40 Minuten backen. Nach etwa 15 Minuten die Brownies mit Alufolie abdecken, damit sie nicht zu dunkel werden.

06   Die Brownies in der Form auskühlen lassen. Anschließend auf ein Brett geben und in kleine Würfel schneiden. Zur Verzierung die Schokolade schmelzen lassen und die Würfel damit besprenkeln.

Zimtsterne

Ergibt etwa 50 Stück

- 65 g Xylit
- 3 Eiweiß (von Eiern Größe L)
- 2 gehäufte TL Zimt
- 250 g gemahlene Mandeln
- etwas Xylit zum Auswellen

1 Stück (ca. 10,6 g): 35 kcal, 1,5 g Eiweiß (16,9 E%), 2,7 g Fett (69,5 E%), 0,3 g Kohlenhydrate (3,5 E%), 1,5 g Zuckeralkohol (10,1 E%)

01 Das Xylit in einem Küchenzerkleinerer fein mahlen, dass es fast wie Puderzucker ist.

02 Das Eiweiß zu steifem Schnee schlagen. Das Xylit zugeben und so lange weiterschlagen, bis es sich aufgelöst hat. Die Hälfte vom Eischnee abnehmen und beiseitestellen.

03 Unter die andere Hälfte den Zimt unterrühren. Zum Schluss die gemahlenen Mandeln unterkneten und den Teig vor der Weiterverarbeitung etwa 30 Minuten in den Kühlschrank stellen.

04 In der Zwischenzeit den Backofen auf 130 °C (Umluft) aufheizen und ein Backblech mit Backpapier belegen.

05 Anschließend den Teig dünn auswellen (siehe Tipps) und Sterne ausstechen. Zwischendurch die Ausstechform immer wieder in Wasser tauchen.

06 Die Sterne auf das vorbereitete Backblech setzen und mit dem beiseitegestellten Eischnee bestreichen. Die Backzeit beträgt etwa 20 Minuten.

07 Sollten die Zimtsterne nach dem Backen noch etwas feucht sein, diese auf dem Backblech bei Zimmertemperatur fertig trocknen lassen.

TIPPS: Damit der Teig nirgends festklebt, geben Sie diesen zwischen zwei Gefrierbeutel. Dabei auf den unteren Beutel etwas Xylit streuen, damit die Sterne nachher nicht festkleben.

Sollte von der Gussmasse etwas übrig sein, so kann man einfach ein paar gemahlene Nüsse unterheben und daraus leckere Makronen backen.

Sollten die Zimtsterne nach dem Backen zu hart sein, gibt man einfach ein Stück Brot oder ein Stück Apfel mit in die Gebäckdose, dann werden sie schön weich.

Zitronenherzen

Ergibt etwa 60 Stück

- 3 Eigelb (von Eiern Größe L)
- 75 g Xylit
- 1 Fläschchen Zitronenaroma
- 1 gestrichener TL Zitronenschalenabrieb
- 1 gehäufter TL Guarkernmehl
- 25 g Dinkelmehl (Typ 630)
- 50 g helles Mandelmehl, teilentölt
- 100 g gemahlene, blanchierte Mandeln

Für den Guss:

- 1 Eigelb (von 1 Ei Größe L)
- 1 EL Sahne

1 Stück (ca. 6,2 g): 25 kcal, 1,3 g Eiweiß (21 E%), 1,6 g Fett (58,8 E%), 0,5 g Kohlenhydrate (8,2E%), 1,3 g Zuckeralkohol (12 E%)

01 Den Backofen auf 160 °C (Umluft) aufheizen und ein Backblech mit Backpapier belegen.

02 Eigelb mit dem Xylit cremig schlagen. Das Zitronenaroma und den Zitronenschalenabrieb zufügen und kurz mit unterrühren.

03 Das Guarkernmehl mit dem Dinkelmehl darübersieben und ebenfalls kurz unterrühren. Zum Schluss die gemahlenen Mandeln und das Mandelmehl unterkneten, sodass ein geschmeidiger Teig entsteht.

04 Den Teig dünn auswellen. Dieses gelingt am besten mit einem Silikonteigroller auf einer Silikonmatte. Andernfalls etwas Mandelmehl zum Auswellen auf die Arbeitsfläche geben. Aus dem ausgerollten Teig Herzchen ausstechen und diese auf das vorbereitete Backblech legen.

05 Für den Guss das Eigelb und die Sahne verrühren und die Herzchen damit dünn bestreichen. Die Backzeit beträgt 8–10 Minuten. Die Plätzchen anschließend auf dem Blech auskühlen lassen.

Gesunde Ernährung rund um die LOGI-Methode und LOGI-Low-Carb

Glücklich und schlank.
Mit viel Eiweiß und dem richtigen Fett. Das komplette LOGI-Basiswissen. Mit umfangreichem Rezeptteil.
Dr. Nicolai Worm
978-3-942772-96-9 **19,99 €**

Das neue große LOGI-Kochbuch.
120 raffinierte Rezepte zur Ernährungsrevolution von Dr. Nicolai Worm. Mit exklusiven LOGI-Kompositionen der Spitzenköche Alfons Schuhbeck, Vincent Klink, Ralf Zacherl, Christian Henze und Andreas Gerlach.
Franca Mangiameli
978-3-942772-79-2 **19,99 €**

Das neue große LOGI-Kochbuch.
120 neue Rezepte – auch für Desserts, Backwaren und vegetarische Küche. Jede Menge LOGI-Tricks und die klügsten Alternativen zu Pizza, Pommes und Pasta.
Franca Mangiameli | Heike Lemberger
978-3-942772-88-4 **19,99 €**

Abnehmen lernen. In nur zehn Wochen!
Das intelligente LOGI-Power-Programm zur dauerhaften Gewichtsreduktion. Mit diesem Tagebuch werden Sie Ihr eigener LOGI-Coach!
Heike Lemberger
Franca Mangiameli
978-3-942772-59-4 **15,99 €** ~~18,99 €~~

Das große LOGI-Back- und Dessertbuch.
Über 100 raffinierte Dessertrezepte, die Sie niemals für möglich gehalten hätten. So macht Leben nach LOGI noch mehr Spaß!
Mit ausführlichem Stevia-Extrakapitel.
Franca Mangiameli | Heike Lemberger
978-3-927372-66-5 **19,95 €**

Das große LOGI-Grillbuch.
120 heiß geliebte Grillrezepte rund um Gemüse, Fisch und Fleisch. Ein Fest für LOGI-Freunde.
Heike Lemberger
Franca Mangiameli
978-3-942772-12-9 **15,99 €** ~~18,00 €~~

Das große LOGI-Fischkochbuch.
Köstliche Gerichte mit Fisch und Meeresfrüchten aus heimischen Gewässern und aus aller Welt.
S. Thiel | A. Fischer
978-3-942772-07-5 **15,99 €** ~~19,99 €~~

Vegetarisch kochen mit der LOGI-Methode.
LOGI ohne Fisch und Fleisch? Na klar! 80 innovative und kreative LOGI-Veggie-Rezepte. Wenige Kohlenhydrate – glutenfrei. Mit vielen veganen Rezeptalternativen.
Susanne Thiel | Dr. Nicolai Worm
978-3-942772-89-1 **19,99 €**

Das große LOGI-Fanbuch.
Erfolgsgeschichten, Rezepte, Tipps und Tricks von und für Fans der LOGI-Methode.
978-3-95814-079-0 **19,99 €**

Leicht abnehmen! Geheimrezept Eiweiß.
Gewicht verlieren mit Eiweiß und Formula-Mahlzeiten. Und dann: gesund und schlank auf Dauer mit LOGI.
Dr. Hardy Walle | Dr. Nicolai Worm
978-3-95814-009-7 **19,99 €**

Leicht abnehmen! Das Rezeptbuch.
Gewicht verlieren mit Eiweiß und Formula-Mahlzeiten. Und danach: 70 einfache und abwechslungsreiche LOGI-Rezepte.
Dr. Hardy Walle
978-3-927372-40-5 **12,95 €**

LOGI. Das Buch.
Das Beste aus 15 Jahren LOGI. 300 Rezepte, Theorie und Tipps.
978-3-95814-026-4 **30,00 €**

Eiweiß-Guide.
Tabellen mit über 500 Lebensmitteln bewertet nach ihrem Eiweißgehalt und ausgewählten Aminosäuren.
Franca Mangiameli | Heike Lemberger
Dr. Nicolai Worm
978-3-942772-64-8 **9,99 €**

Fett Guide.
Wie viel Fett ist gesund? Welches Fett wofür? Tabellen mit über 500 Lebensmitteln, bewertet nach ihrem Fettgehalt und ihrer Fettqualität.
Heike Lemberger | Ulrike Gonder
Dr. Nicolai Worm
978-3-942772-09-9 **7,49 €** ~~9,99 €~~

LOGI-Guide.
Tabellen mit über 500 Lebensmitteln, bewertet nach ihrem glykämischen Index und ihrer glykämischen Last.
Franca Mangiameli
Dr. Nicolai Worm | Andra Knauer
978-3-942772-02-0 **6,99 €**

Die LOGI-Kochkarten.
Die besten LOGI-Rezepte. Einfallsreich, einfach, preiswert.
978-3-942772-54-9 **12,99 €**

Das große LOGI-Familienkochbuch.
Die LOGI-Ernährungsmethode für die ganze Familie in Theorie und Praxis. Mit 100 tollen Rezepten, die auch Kindern schmecken.
Marianne Botta | Dr. Nicolai Worm
978-3-95814-016-5 **19,99 €**

Der LOGI-Muskel-Coach.
Die ultimative Sporternährung für Muskelaufbau und Ausdauertraining.
Dr. Torsten Albers | Dr. Nicolai Worm
Kirsten Segler
978-3-95814-013-6 **19,99 €**

Mehr vom Sport! Low-Carb und LOGI in der Sporternährung.
Unter Mitwirkung zahlreicher Spitzensportler: Boxweltmeister Felix Sturm, Schwimmprofi Mark Warnecke, Leichtathlet Danny Ecker und viele mehr.
Clifford Opoku-Afari | Dr. Nicolai Worm
Heike Lemberger
978-3-927372-41-2 **19,95 €**

LOGI und Low Carb in der Sporternährung.
Glykämischer Index und glykämische Last – Einfluss auf Gesundheit und körperliche Leistungsfähigkeit.
Jan Prinzhausen
978-3-927372-30-6 **24,90 €**

Bauch, Beine, Po – das LOGI-Workout für Frauen. (DVD)
Inklusive ausführlichem Booklet.
M. Maier | Dr. N. Worm
978-3-927372-98-6 **8,99 €** ~~14,95 €~~

#POWERFÜRDICH. (DVD)
Trainiert, schlank & sexy. Das 12-Wochen-Programm von Promi-Trainer Cliff.
Clifford Opoku-Afari
978-3-95814-010-3 **14,99 €**

LOGI im Alltag, in der Praxis und in der Klinik.
Andra Knauer
978-3-942772-31-0 **6,99 €** ~~8,99 €~~

Die LOGI-Jubiläumsbox.
10 erfolgreiche, glückliche und schlanke Jahre mit der LOGI-Methode. Enthält DIE drei Standardwerke rund um die LOGI-Methode zum Jubiläumspreis.
· Glücklich und schlank.
· Das große LOGI-Kochbuch.
· Das neue große LOGI-Kochbuch.
Dr. Nicolai Worm | Franca Mangiameli
Heike Lemberger
978-3-927372-68-9 **50,00 €**
(erhältlich solange der Vorrat reicht)

Noch mehr LOGI.
Die LOGI-Fisch-, -Back- und -Grillbox. Über 400 raffinierte Rezepte. Die Box beinhaltet:
· das große LOGI-Fischkochbuch
· das große LOGI-Grillbuch
· das große LOGI-Back- und -Dessertbuch
Heike Lemberger | Franca Mangiameli
Susanne Thiel | Anna Fischer
978-3-942772-48-8 **45,00 €**
(erhältlich solange der Vorrat reicht)

LOGI durch den Tag.
Kombinieren Sie Ihren LOGI-Abnehmplan aus 50 Frühstücken, 50 Mittagessen und 50 Abendessen. Maximale Sättigung mit weniger als 1.600 Kalorien und 80 Gramm Kohlenhydraten pro Tag!
Franca Mangiameli
978-3-95814-007-3 **24,99 €**

Das LOGI-Menü.
Logisch kombiniert: 50 Vorspeisen, 50 Hauptgerichte, 50 Desserts.
Franca Mangiameli
978-3-95814-006-6 **24,99 €**

Die LOGI-Akademie.
LOGI lehren – LOGI verstehen. Ein Leitfaden zur Patientenschulung und zum Selbststudium.
Franca Mangiameli
978-3-927372-59-7 **34,99 €** ~~49,00 €~~

HappyCarb: Meine liebsten Low-Carb-Rezepte.
HappyCarb-Bloggerin Bettina Meiselbach verrät aus ihre 100 »Erfolgsrezepte« für mehr Gesundheit und Genuss.
Bettina Meiselbach
978-3-95814-075-2 **19,99 €**

HappyCarb: Diabetes Typ 2 – nicht mit mir!
Erfolgsbloggerin Bettina Meiselbach verrät ihr persönliches Low-Carb-Geheimnis gegen den Diabetes. Mit 30 inspirierenden Rezeptideen.
Bettina Meiselbach
978-3-95814-062-2 **19,99 €**

Die Low-Carb-Alltagsküche.
110 Koch- und Backrezepte, die JEDER kann.
Beate Strecker
978-3-95814-034-9 **19,99 €**

Das Fastenbuch.
Die besten Fastenkuren für jeden Typ.
Anna Cavelius
978-3-927372-85-6 **19,99 €**

Vegan Detoxfasten.
Das 7-Tage-Programm zur Regulation des Säure-Basen-Haushaltes.
Anna Cavelius
978-3-942772-97-6 **8,99 €**

Endlich schlank ohne Diät.
Erfolgreich abnehmen ohne Jo-Jo-Effekt und Kalorienzählen – nach dem LOGI-Erfolgsprinzip von Dr. Nicolai Worm.
Anna Cavelius
978-3-942772-10-5 **7,49 €** ~~9,99 €~~

systemed Küchenratgeber

Low-Carb – Low-Budget.
Kohlenhydratbilanzierte Küche
für den kleinen Geldbeutel.
Wolfgang Link | Dr. med. Jürgen Voll
978-3-942772-65-5 **8,99 €**

Low-Carb unterwegs.
40 Rezepte für die Reise und zum
Mitnehmen.
Franca Mangiameli | Heike Lemberger
978-3-942772-66-2 **8,99 €**

Low-Carb vegan.
40 Rezepte ohne tierische Lebensmittel.
Franca Mangiameli | Heike Lemberger
978-3-942772-68-6 **8,99 €**

Low-Carb in 15 Minuten.
40 »leichte« Schnellrezepte zum Genießen.
Wolfgang Link
978-3-942772-75-4 **8,99 €**

Low-Carb-Powerwoche.
In 7 Tagen Vitalität gewinnen und
Gewicht verlieren.
Wolfgang Link | Dr. med. Jürgen Voll
978-3-942772-87-7 **8,99 €**

**Low-Carb in der
Schwangerschaft.**
Gesundheit mit wenig Kohlenhydraten
für Mutter und Baby.
Annett Schmittendorf
978-3-942772-72-3 **8,99 €**

Low-Carb-Feierabendküche. NEU
5 Zutaten – 15 Minuten – 40 Rezepte.
978-3-95814-059-2 **8,99 €**

Low-Carb-Nudelküche. NEU
40 köstliche echte Pastarezepte mit wenig
Kohlenhydraten.
Wolfgang Link
978-3-95814-047-9 **8,99 €**

Low-Carb für Sportler.
30 kohlenhydratreduzierte Gerichte für
den Sportler.
Wolfgang Link | Dr. med. Jürgen Voll
978-3-942772-91-4 **8,99 €**

Low-Carb-Desserts.
40 Desserts mit wenig Kohlenhydraten.
Wolfgang Link
978-3-942772-95-2 **8,99 €**

Low-Carb-Pfannengerichte.
40 Rezepte für die schnelle Pfanne mit
wenig Kohlenhydraten.
Wolfgang Link
978-3-942772-93-8 **8,99 €**

**Low-Carb bei Nahrungsmittel-
unverträglichkeit.**
30 Rezepte bei Laktoseintoleranz/
Fruktoseintoleranz/Zöliakie.
W. Link | Dr. med. J. Voll
978-3-942772-74-7 ~~7,99 €~~ **4,99 €**

Low-Carb für den Hund.
Artgerechte Hundeernährung mit wenig
Kohlenhydraten – Wissen, Tipps und Rezepte.
Ursula Bien
978-3-95814-011-0 **8,99 €**

Low-Carb vegetarisch.
40 vegetarische Rezepte
ohne Fisch und Fleisch.
Wolfgang Link
978-3-95814-005-9 **8,99 €**

Low-Carb-Suppen.
40 Suppen und Eintöpfe zum einfachen
Nachkochen.
Manuela Oehninger Suter
978-3-95814-004-2 **8,99 €**

Low-Carb für Einsteiger. NEU
32 Rezepte mit zahlreichen Varianten für den
Start in eine kohlenhydratarme Ernährung.
Manuela Oehninger Suter
978-3-95814-048-6 **8,99 €**

Low-Carb kalte Küche.
40 kohlenhydratarme Rezepte
ohne zu kochen.
Manuela Oehninger Suter
978-3-95814-021-9 **8,99 €**

Low-Carb-Aufläufe.
40 kohlenhydratarme Rezepte aus dem
Ofen & Wissenswertes zu Auflaufformen.
Wolfgang Link
978-3-95814-022-6 **8,99 €**

Low-Carb-Backen für den Alltag.
22 kohlenhydratarme, einfache und 100%
funktionierende Rezepte für Kuchen und Kekse.
Beate Strecker
978-3-95814-033-2 **8,99 €**

Low-Carb-Weihnachtsbäckerei. NEU
20-mal Kekse, Gebäck und Kuchen
zur Weihnachtszeit.
Beate Strecker
978-3-95814-043-1 **8,99 €**

Low-Carb für Diabetiker. NEU
29 kohlenhydratarme Rezepte zur
Blutzuckerregulation.
Wolfgang Link | Dr. Jürgen Voll
978-3-95814-045-5 **8,99 €**

Low-Carb-Frühstück. NEU
40 abwechslungsreiche Frühstücksideen
mit wenig Kohlenhydraten.
Wolfgang Link
978-3-95814-046-2 **8,99 €**

Low-Carb mediterran. NEU
40 Rezepte aus der beliebten Mittelmeerküche.
Manuela Oehninger Suter
978-3-95814-055-4 **8,99 €**

Ketogene Ernährung

BEST-SELLER

**Krebszellen lieben Zucker –
Patienten brauchen Fett.**
Gezielt essen für mehr Kraft und
Lebensqualität bei Krebserkrankungen.
Prof. Ulrike Kämmerer
Dr. Christina Schlatterer | Dr. Gerd Knoll
978-3-927372-90-0 **24,99 €**

 NEU

Ketogene Ernährung bei Krebs.
Die besten Lebensmittel bei
Tumorerkrankungen.
Prof. Ulrike Kämmerer
Dr. Christina Schlatterer | Dr. Gerd Knoll
978-3-95814-037-0 **14,99 €**

**KetoKüche für Einsteiger:
Rezepte & Kraftshakes.**
50 ketogene Rezepte, die schmecken.
Dorothee Stuth | Ulrike Gonder
978-3-942772-42-6 **14,99 €**

KetoKüche zum Genießen.
Mit gesunden Gewürzen und Kokosnuss.
Über 100 ketogene Rezepte für Genießer.
Bettina Matthaei | Ulrike Gonder
978-3-942772-44-0 **19,99 €**

 NEU

KetoKüche mediterran.
90 kohlenhydratarme Gerichte rund um
das Mittelmeer.
Bettina Matthaei | Ulrike Gonder
978-3-95814-044-8 **19,99 €**

JETZT ALS
PAPERBACK

Stopp Alzheimer!
Wie Demenz vermieden und behandelt
werden kann.
Dr. Bruce Fife
978-3-942772-86-0 ~~24,99 €~~ **20,00 €**

**Stopp Alzheimer!
Praxisbuch.**
Wie Demenz vermieden und behandelt
werden kann. Mit zahlreichen Rezepten,
Mental-Test sowie Warenkunde und
Kohlenhydrattabellen.
Dr. Bruce Fife
978-3-942772-27-3 **12,99 €**

 NEU

Die Anti-Alzheimer-Diät.
Alzheimer und Demenz einfach wegessen –
oder: Wie die Ernährung vor Alzheimer
schützen kann.
Dr. Peter Heilmeyer | Ulrike Gonder
978-3-95814-070-7 **15,99 €**

Das angesagte,
Ernährungsthema im
systemed Verlag:
Gezielt essen bei
Krebserkrankungen,
Alzheimer und
Demenz mit keto-
gener Ernährung.

Das Beste aus der Kokosnuss.
Natives Bio-Kokosöl und Bio-Kokosmehl.
Ulrike Gonder
978-3-942772-56-3 **4,99 €**

Kokosöl (nicht nur) fürs Hirn!
Wie das Fett der Kokosnuss helfen kann,
gesund zu bleiben und das Gehirn
vor Alzheimer und anderen Schäden zu
schützen.
Ulrike Gonder
978-3-942772-38-9 **5,99 €**

Positives über Fette und Öle.
Warum gute Fette und Öle so wichtig für
uns sind.
Ulrike Gonder
978-3-942772-57-0 **4,99 €**
Alle 3 Bücher im Paket
978-3-942772-55-6 **12,00 €**

KetoKüche kennenlernen.
Die ketogene Ernährung in Theorie
und Praxis.
Ulrike Gonder | Anja Leitz
978-3-942772-80-8 **8,99 €**

Praxisbroschüre
**Rezepte zur Unterstützung
einer ketogenen Ernährung
für Krebspatienten**
Prof. Ulrike Kämmerer | Nadja Pfetzer
(erhältlich nur beim Verlag) **6,90 €**

systemed
verlag

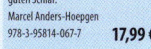

Impressum

Die Marke LOGI sowie die LOGI-Methode sind für die Systemed GmbH, 44534 Lünen, geschützt.

Redaktion: systemed Verlag, Lünen
systemed GmbH, Kastanienstr. 10, 44534 Lünen
Lektorat: Susanne Bader, Garmisch-Partenkirchen

Fotografie: Studio Reiner Schmitz, München
Foodstyling: Marcel Sumpf, München
Stockfotografie: www.fotolia.de

Gestaltung und Satz: A flock of sheep, Lübeck
Druck: Hitzegrad Print Medien und Service GmbH, Dortmund

ISBN: 978-3-95814-043-1
1. Auflage